Coleção Zodíaco - **Zodíaco da Saúde e Beleza**

Glória Britho

Silva, Glória Maria Britho Alves da.
S586 Zodíaco da saúde e beleza / Glória Maria
Britho Alves da Silva.
Rio de Janeiro : MEDIAfashion, 2008.
60p. : il. ; 21cm.
(Coleção Zodíaco)
ISBN 978-85-99896-47-1
1. Zodíaco.
2. Astrologia.
3. Saúde.
4. Beleza física
I. Título. II. Série.
CDD 133.52
Catalogação na fonte elaborada pelas bibliotecárias
Cristina Bandeira CRB 7/3806
e Stela Pacheco CRB 7/4087

Editora:

Supervisão: Henrique Cruz
Autora: Glória Britho
Design da capa e ilustrações: Marta Passos
Diagramação: Sónia Benite
Revisão: Ana Proa
Gráfica: Prol Editora Gráfica Ltda.

©2008 MEDIAfashion
Todos os direitos reservados

Sumário

Apresentação	5
Os signos e a saúde	7
A dieta dos signos	13
Os astros e a malhação	21
Os perfumes dos signos	27
O feng shui e a Astrologia: saúde para seu lar	35
Os chás dos signos	41
Receitas de saúde e beleza de Nostradamus	51

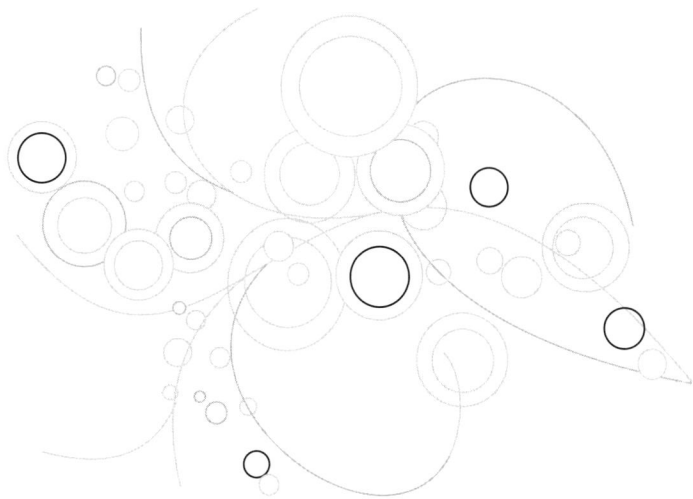

Apresentação

Saúde
Lat. *salute*

s. f., o mais alto estado do vigor mental e físico; estado de equilíbrio e completo bem-estar físico, mental e social (Organização Mundial de Saúde).

Muitos imaginam que a saúde é apenas uma condição física ideal, a ausência de doenças. Na definição do Dicionário Aurélio, saúde é muito mais do que isso. É um conjunto de elementos que proporcionam ao indivíduo uma sensação agradável de 'estar no mundo'.

Utilizando a Astrologia como ferramenta básica, você encontrará aqui receitas de como ser mais feliz, belo e saudável.

Um abraço,
Glória Britho

Os signos e a saúde

Áries – 21/03 a 20/04
Regente: Marte

O domínio anatômico de Áries é a cabeça. Não é raro que desde pequenos sofram pancadas e cortes nessa área. Portanto, fique de olho, para escapar do cirurgião plástico! Febres e enxaquecas também são comuns nestes nativos de 'cabeça quente'. Evitar queijos amarelos, café e chá preto pode diminuir as crises. O uso de máscaras refrescantes e de protetores de olhos, gelados ou não, são indicados.

Touro – 21/04 a 20/05
Regente: Vênus

Amantes dos prazeres da vida, belos e... exagerados! Taurinos podem ser vítimas do que mais adoram: a comida. Pescoço, garganta, laringe e faringe, além da tireóide, são seus pontos fortes (e fracos também). Então, dieta equilibrada, gargarejos periódicos com a casca da romã – um poderoso anti-séptico –, bebidas pouco geladas e cremes que beneficiem o pescoço e o colo. Tudo isso pode contribuir para associar beleza à saúde.

Gêmeos – 21/05 a 20/06
Regente: Mercúrio

Os pulmões são o principal domínio anatômico desse signo, além do sistema nervoso, das mãos e dos braços. O grande aviso: é terminantemente proibido fumar! É claro que isso é válido para todos os signos, mas, para os geminianos, os efeitos podem ser mesmo devastadores. Problemas com a oxigenação do organismo podem acarretar todo o tipo de danos ao corpo, inclusive uma constante aparência de cansaço. Fuja de situações de estresse e pratique ioga e meditação.

Câncer – 21/06 a 21/07
Regente: Lua

Atividade hormonal, pâncreas, baço, seios, estômago e útero são as áreas delicadas desse signo. Cancerianos não deveriam usar condimentos fortes na comida nem abusar de bebidas alcoólicas e sal. Seu estômago é frágil, órgão onde podem somatizar as emoções. Além do mais, tendem a acumular líquidos, o que vai resultar em edemas. O auto-exame constante das ma-

mas, no caso das mulheres, vai garantir que estejam não apenas lindas, mas livres de nódulos. Ah, e não se esqueça do exame preventivo, na consulta com seu ginecologista! Caminhar por entre as ondas na praia e nadar são atividades que colocam os cancerianos em contato com seu ambiente natural, trazendo muitos benefícios.

Leão– 23/07 a 21/08
Regente: Sol

O mais vaidoso dos signos e... um dos que mais padece de dores nas costas! Isso porque a coluna lombar e o coração são seus pontos fracos. O brilho do olhar de um leonino é puro magnetismo e seus cabelos são um genuíno cartão de visitas, merecendo os melhores cuidados. Não costuma ser inclinado aos esportes ou a exercícios intensos, mas deveria fazer um pouco de musculação para proteger as costas e, quem sabe, pedalar sua bicicleta (em lugares públicos, e não trancado no quarto, por favor!) e caminhar ao sol – astro regente de seu signo –, para manter em dia a circulação sangüínea.

Virgem– 23/08 a 22/09
Regente: Mercúrio

Intestino, aparelho digestivo e sistema nervoso são os domínios anatômicos desse signo tão ligado à saúde e à alimentação correta. E não é para menos. A atividade intestinal adequada vai deixar sempre aquela aparência fresca, pele limpa e humor em dia. Fibras, muita água, frutas e carne branca vão ajudar. Tratamentos alternativos são indicados para esse signo, que deve evitar substâncias fortes e, principalmente, não se preocupar excessivamente com a saúde, o que pode resultar numa incontrolável hipocondria. Alongamento e caminhadas também vão colaborar para manter a forma e o equilíbrio emocional.

Libra– 23/09 a 22/10
Regente: Vênus

Sofisticados, inteligentes, sociáveis e muito charmosos, librianos já saem na frente quando o assunto é beleza. Não são muito dados a exercícios físicos, privilegiando os mentais, mas deveriam ao menos andar de bicicleta ou caminhar em boa companhia, o que,

além de agradável, estimula o raciocínio. A vesícula, a coluna e os rins são seus pontos sensíveis, especialmente este último. Mantê-los em bom funcionamento, ingerindo muito líquido sob forma de chás ou simplesmente água, vai evitar o acúmulo de toxinas e minerais, responsáveis por cistites, cálculos, nefrites e edemas. A drenagem linfática também funciona muito bem.

Escorpião– 23/10 a 21/11
Regente: Plutão

Sensuais e magnéticos, escorpianos são facilmente reconhecíveis por seu olhar misterioso. Para aumentar esse poder, vale a pena caprichar na maquiagem. Atenção especial aos órgãos sexuais e excretores e um rígido controle dos ciclos menstruais podem ajudar a manter em dia seu incomparável poder de sedução. Fique longe de parceiros duvidosos: a tendência a contrair doenças sexualmente transmissíveis é maior para esse signo. Natação e hidroginástica são ótimas opções de exercícios.

Sagitário– 22/11 a 21/12
Regente: Júpiter

Um jeito esportivo, franco, alegre e saudável identifica esse nativo, que deveria abusar de roupas descontraídas e de cores vibrantes. Mais do que qualquer outro signo regido pelo elemento fogo, a prática de esportes que exijam força, intensidade, competição e ar livre é ideal para manter em dia a forma física e mental. Coxas, pernas, quadris e fígado são seus principais domínios anatômicos, especialmente o último, que deve ser cuidado como um bebê. Para isso, é importante evitar os excessos de bebidas alcoólicas, temperos fortes e gorduras. Controlando os exageros, marca registrada de seu signo, você poderá manter indefinidamente esse ar de Indiana Jones que, mesmo após os piores desafios, ainda é capaz de seduzir qualquer princesa.

Capricórnio– 22/12 a 20/01
Regente: Saturno

O compenetrado, ambicioso e responsável capricorniano não é lá muito dado a esses assuntos de moda e beleza. Cuidadosos com a aparência, seu objetivo é deixar uma boa impressão aonde chegam. Porém, é muito importante que confiram uma atenção especial à pele – que pode lhes dar muito trabalho –, aos dentes e aos ossos, já que esses são os seus pontos fracos. Articulações sensíveis podem incomodá-lo, com bursites e tendinites, e, para evitar isso, é importante exercitar-se, principalmente fazendo alongamento.

Aquário– 21/01 a 19/02
Regente: Urano

A beleza de um aquariano está muito mais associada aos seus dotes intelectuais do que físicos e, embora o contingente de belos nativos desse signo seja grande, dificilmente eles serão encontradas em lojas de produtos de beleza experimentando esse ou aquele creme. Para eles, a criatividade no vestir e a busca da saúde integral são prioridades. Para isso, podem encontrar na acupuntura, no shiatsu, na argiloterapia, na homeopatia, nos florais, na meditação e em outras técnicas alternativas o melhor caminho para manter a beleza. Tornozelos, circulação e sistema nervoso são pontos sensíveis e não devem ser descuidados.

Peixes– 20/02 a 20/03
Regente: Netuno

Delicados como porcelana, esses nativos são sensíveis e, até certo ponto, instáveis emocionalmente. Entretanto, os pés aparecem como seu principal domínio anatômico. O cuidado na escolha de sapatos confortáveis, coisa difícil para o pisciano, e visitas periódicas a pedicuros especializados vão favorecê-lo. Massagens nos pés podem funcionar como um poderoso relaxante das tensões diárias. Produtos que ativem a circulação linfática e atividades que envolvam água e música serão muito bem-vindos. Se possível, restrinja ao máximo a ingestão de bebidas alcoólicas e observe bem o seu peso.

A dieta dos signos

A Astrologia atribui a cada signo a regência de partes do corpo. Isso quer dizer que arianos são mais inclinados a ter problemas na cabeça e nos olhos; taurinos, na garganta; geminianos, nos pulmões e braços; e assim sucessivamente. Além disso, o zodíaco também está dividido em quatro elementos: água, terra, ar e fogo. Assim, cada signo, dependendo do elemento ao qual está ligado e às zonas mais sensíveis de sua anatomia, tem necessidades diferenciadas em todos os sentidos, inclusive na alimentação.

Igualmente, os alimentos têm relação com os planetas e os signos, e um bom astrólogo, ao comparar o horóscopo de uma pessoa com o elenco de alimentos disponíveis, pode auxiliar na escolha de suplementos capazes de compensar as carências de vitaminas e minerais desse nativo. Entenda-se, porém, que esse sistema não exclui nem substitui o trabalho de um nutricionista nem do seu médico. Mas é uma interessante e antiqüíssima visão sobre a dieta mais adequada a cada signo.

Áries

O excesso de peso raramente será um problema para os arianos. Entretanto, é importante que conheçam os alimentos que devem ser ingeridos com mais freqüência, para suprir as carências do seu organismo: Áries rege a cabeça, incluindo a visão, a audição e o paladar. Na alimentação, preside a maioria dos condimentos – alho, cebola, gengibre, pimentão, pimenta, caril e mostarda. Os arianos podem preferir comidas muito temperadas, para suprir suas necessidades. Também é importante que bebam muita água, já que o seu signo rege o

hidrogênio, enquanto Libra, signo oposto e complementar, rege o oxigênio. A vitamina A, além de beneficiar a pele, é importante para manter a boa visão dos arianos. Suas principais fontes são: leite, manteiga, vegetais de folhas verdes e frutas de polpa amarela.

Touro

Seu domínio anatômico é o pescoço e a garganta e, por isso, os taurinos devem evitam bebidas muito geladas ou muito quentes. Este signo rege o iodo e seus nativos podem necessitar de uma dose maior dessa substância. Vênus, seu planeta regente, poderá determinar uma carência de vitaminas A e E, de iodo e cobre. As fontes desses elementos essenciais são: damasco, maçã, pepino, ameixa, tomate e espinafre. Uva, figo, pêssego e trigo também são substâncias ligadas a Touro. Você pode ingerir esses alimentos sob várias formas: sucos, saladas, cozidos... Enfim, como melhor lhe agradar. Mas aqui vai uma recomendação importante: cuidado com os excessos. Taurinos podem engordar com muita facilidade. Fique de olho na balança!

Gêmeos

Rege os braços, ombros, pulmões e o sistema nervoso em geral. Sua digestão é boa, mas as preocupações, a inquietação e a tensão desequilibram seu sistema nervoso, dificultando a eliminação dos alimentos. Dores de cabeça, dificuldades respiratórias e deficiências na fala, em geral, têm origem no estresse acumulado pelo geminiano. Você gasta uma quantidade espantosa de energia mental e isso precisa ser reposto. Você pertence à categoria dos 'enjoados' para comer e, depois de eleger algumas poucas coisas, tende a comê-las dia após dia, sem variar as refeições. Tudo bem, se incluir nesse elenco as proteínas, que fornecem calor e vitalidade. Pode encontrá-las principalmente nas carnes, nos peixes, nos ovos, nos queijos, nas castanhas, nos grãos integrais e nos legumes. Prepare-as de acordo com a sua preferência.

Câncer

Este signo rege principalmente o estômago, os seios e o pâncreas. E quando um canceriano se aborrece, o estômago é quem paga. É preciso controlar as emoções e nunca se alimentar quando estiver zangado. Os nativos desse signo gostam de boa comida e são, em geral, bons cozinheiros, o que muitas vezes lhes causa um excesso de peso. Repolho, pepino, chicória, alface, agrião, cogumelos, abóbora, aipim e sucos de abacaxi, cenoura, aipo e coco estão especialmente indicados para esses nativos. É importante evitar os condimentos fortes, as temperaturas extremas (calor e frio) e as quantidades exageradas. Melhor seria fazer um número maior de pequenas refeições ao dia. Bebidas alcoólicas, nem pensar!

Leão

Na anatomia zodiacal, Leão rege o coração e a coluna vertebral superior. Já o Sol, regente desse signo, o coração, a circulação sangüínea e o baço. Leoninos têm grande facilidade em assimilar os nutrientes de tudo o que ingerem e, por isso mesmo, não necessitam de grandes quantidades de alimentos. Precisam reservar um tempo para o descanso após as refeições. Devem evitar alimentos ricos em colesterol ruim, como ovos, manteiga e carnes gordas, o que poderá prevenir moléstias cardiocirculatórias precoces. Usando e abusando dos alimentos regidos por seu signo – frutas cítricas, canela, mel, arroz, louro, girassol, açafrão, tomates e uvas (secas e frescas) –, certamente vão assegurar a boa saúde.

Virgem

Este signo rege os intestinos, o canal digestivo e a cavidade abdominal. Uma vez que esses nativos estão mais sujeitos do que os demais a perturbações intestinais, bem como à desnutrição, deveriam seguir um regime alimentar que incluísse todos os elementos essenciais. A carne, o peixe e os ovos são ricos principalmente em proteínas, enquanto os vegetais contêm mais carboidratos. Todos possuem conteúdo vitamínico e mineral e, por isso, os virginianos devem combiná-los da forma que melhor atender ao seu paladar. É importante comer em horas certas e quando estiver tranqüilo. E nunca faça uso de laxativos ou digestivos químicos. Melhor apelar para os chás de erva-doce, camomila, gengibre e hortelã-pimenta e consumir frutas como mamão e ameixa, ou ainda fibras que são laxativos naturais.

Libra

Este signo preside os rins, as supra-renais e a coluna lombar, além da destilação e filtragem dos líquidos do corpo em geral. Librianos precisam beber muita água e sucos de frutas e limitar sua taxa de açúcar, já que estão sujeitos a freqüentes problemas renais. O trabalho eficiente dos rins é necessário para o equilíbrio geral do organismo e, assim, a alimentação dos librianos deve ser rica em frutas, saladas e carnes magras, evitando massas e comidas pesadas. Vênus, planeta de Libra, rege a hortelã, o trigo, os condimentos de cheiro agradável, as maçãs, a pêra, o figo, o damasco, as uvas, as amêndoas e a groselha. Além disso, rege o cobre e o oxigênio.

Escorpião

Este signo rege os órgãos reprodutores, a bexiga, a próstata, os testículos e o reto (ânus). Seus nativos devem praticar a moderação em todas as coisas, principalmente com suas emoções, para evitar indigestões que, para eles, podem resultar em auto-intoxicação. Não é à toa o ditado de que o escorpião pode envenenar-se com seu próprio ferrão... Muita fruta, vegetais e trigo integral devem fazer parte de sua dieta. Substitua os laxativos químicos por naturais (veja recomendações para Virgem). O aipo, o quiabo, o manjericão, o estragão, a cenoura, o pepino, a cebola e a vagem são alimentos associados a esse signo.

Sagitário

Este signo rege os quadris, as coxas, o ciático e o fígado. O apetite de seu nativo costuma ser assombroso, mas, com bastante exercício, poderá evitar os problemas decorrentes da obesidade. Apesar de sua fama de 'reis das churrascarias', devem alternar essas orgias gastronômicas com alimentos como aipo, cenoura crua, rabanetes e sucos de legumes que, além

de aplacarem a fome, são alimentos associados a esse signo. Bebidas alcoólicas são um capítulo à parte na vida dos sagitarianos, principalmente a cerveja. Cuidado com os excessos. O potássio e o silício que eles precisam podem ser encontrados em tomate, alface, berinjela, salsa, aspargo, espinafre e pepino.

Capricórnio

Rege os joelhos, as articulações, a pele, os cabelos e os dentes. Sua dieta é muito simples, mas trará grandes benefícios. Se tiverem o hábito de comer sempre as mesmas coisas, é importante variar a alimentação introduzindo maior variedade de legumes e algumas ervas que dão sabor e também fornecem as vitaminas e os minerais necessários. Evite bebidas geladas antes e durante as refeições. Aneto, aipo, erva-doce, alface, cevada, broto de alfafa, alecrim e coentro são apenas algumas sugestões de alimentos associados a Capricórnio. Além disso, é importante a ingestão de produtos que concentrem grande quantidade de cálcio, como queijo, leite, araruta e couve.

Aquário

Rege os tornozelos e a circulação sangüínea em geral. Urano, planeta de Aquário, preside também o sistema nervoso e a eletricidade do corpo. A maioria das doenças do aquariano são de origem psicossomática, já que ele não se preocupa com a própria saúde. É comum ficar tão absorvido em seus pensamentos, que se esquece de comer, tornando-se anêmico. Mesmo 'comendo para viver' e não 'vivendo para comer', é importante fornecer ao corpo uma alimentação adequada, com muita proteína, mas pouca carne. Os nervosos devem abusar de chás de camomila, lúpulo ou tília. Gengibre, poejo, alfafa, aspargo, araruta, quiabo, rabanete, páprica, orégano e calêndula são exemplos de alimentos aquarianos pela riqueza de vitaminas A e B, além de cálcio, magnésio e enxofre, carências principais desse nativo.

Peixes

Rege os pés, a circulação das extremidades e as glândulas lacrimais. Piscianos são pura emoção e, para que a sua digestão seja boa, aproveitando todo o potencial dos alimentos, é importante que ele coma em pequenas porções e apenas quando puder estar sossegado. Intoxicam-se com facilidade e, por isso, devem evitar alimentos muito pesados ou com temperos exóticos e, mais ainda, as bebidas alcoólicas – salvo o vinho, de vez em quando. Frutos do mar (inclusive ostras) preparados de forma simples, carnes magras, leite, banana, aveia, melão, vegetais de folhas verdes e broto de feijão são itens que devem estar presentes na alimentação desse delicado nativo.

Os astros e a malhação

Dependendo da configuração do céu na hora em que você nasceu, algumas atividades físicas têm mais a ver com seu corpo e jeito de ser. Então, consulte os astros para descobrir a ginástica ou o esporte que combina perfeitamente com você!

Áries

Pique para malhar é o que não lhe falta. Você gosta de suar em atividades aeróbicas intensas e divertidas e tem prazer até em sentir aquela dorzinha típica do músculo trabalhado – que afugenta das academias a maioria dos mortais.
Seu tipo físico – Tende a ser magro, forte e ágil. A cabeça é a região mais vulnerável a acidentes.
Atividades indicadas – Judô, corrida, ciclismo, *body pump* (utiliza anilhas com pesos) e *rafting* (descida em corredeiras num bote).
Evite – Competições, por acentuarem a agressividade natural.

Touro

Ficar horas na esteira, na bicicleta ou repetindo exercícios abdominais mecanicamente são coisas que não fazem a sua cabeça. Você só encontra estímulo na prática de exercícios que tenham como apelo a arte e a beleza.
Seu tipo físico – Ossos largos, altura mediana, musculatura bem desenvolvida. Os pontos frágeis são o pescoço e a região cervical.
Atividades indicadas – Dança de salão, nado sincronizado e caminhadas onde possa apreciar paisagens.
Evite – Atividades físicas com música muito alta ou

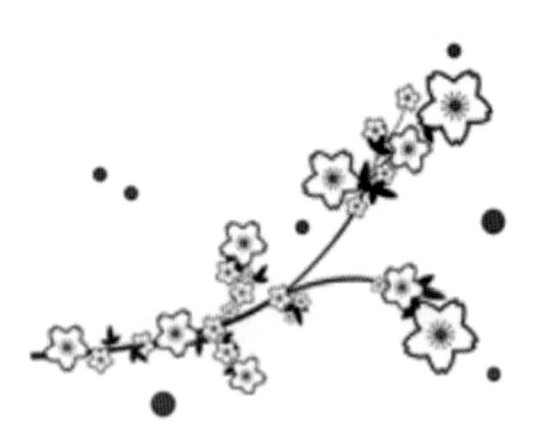

excessivamente agitada, que perturbam sua harmonia emocional.

Gêmeos
Adora exercitar o cérebro e a língua! Você só vai sentir vontade de colocar os músculos em ação se for numa atividade física instigante, cheia de desafios mentais e que permita a troca de idéias com outras pessoas.
Seu tipo físico – Magro, com estatura mediana. Cotovelos e pulsos são os pontos fracos do seu corpo.
Atividades indicadas – *Trekking* (caminhada por trilhas difíceis), escaladas e competições em equipe.
Evite – Atividades físicas solitárias, como a corrida, que certamente vão entediá-lo.

Câncer
Você paga para não sair de casa, não é? Tudo bem, mas não use isso como desculpa para continuar sedentário! Compre uma bicicleta ergométrica ou uma esteira e mexa-se enquanto assiste a um bom filme. Outra dica é contratar um *personal trainer* que lhe dê aulas em domicílio.
Seu tipo físico – Tende a ser gordinho, é pouco flexível e pode sofrer de dores nas costas. **Atividades indicadas** – Grandes chances de se identificar com ioga, exercícios de alongamento e tai chi chuan.

Evite – Atividades físicas exaustivas e agitadas, que não combinam com seu jeito calmo.

Leão
Esportivo por natureza, você gosta de malhar em grupo e ter suas habilidades físicas reconhecidas. Também adora inventar novas maneiras de fazer as mesmas coisas – é capaz de criar uma coreografia-show com exercícios abdominais!
Seu tipo físico – Ombros largos, musculatura forte, estatura média a alta. Ponto frágil: o sistema cardiovascular.
Atividades indicadas – Aerofight (aeróbica misturada com lutas marciais), ginástica olímpica, jazz, circuito acrobático e musculação.
Evite – Malhar além do seu preparo físico, pois pode causar problemas ósseos e musculares.

Virgem
Gostar você não gosta, mas se for preciso malhar para aumentar a disposição, corrigir a postura ou diminuir as dores nas costas, encara o sacrifício numa boa. E, uma vez na turma dos marombeiros, fará tudo muito bem feito, nos mínimos detalhes.
Seu tipo físico – Estatura média, com tendência a ser

magro. Os tendões e as articulações são seus pontos mais vulneráveis.
Atividades indicadas – Todas aquelas caracterizadas por movimentos repetidos, como tênis, natação, ciclismo e musculação.
Evite – Praticar atividades físicas de alto impacto, com saltos e pulos.

Libra
O problema maior é escolher uma atividade física entre tantas opções. Em vez de se torturar com dúvidas, que tal fazer uma aula diferente a cada dia?
Seu tipo físico – Quadris e ombros largos e tendência à obesidade. Bexiga e intestinos são suas partes frágeis.
Atividades indicadas – Balé, *watsu* (espécie de hidroginástica em que o corpo é tocado e massageado), tai chi chuan, bicicleta ergométrica, esteira e dança do ventre.
Evite – Freqüentar academias onde não exista uma certa flexibilidade de horários. Isso pode acabar com seu pique.

Escorpião
Sendo Escorpião, você sempre terá forças para vencer a preguiça. Outro grande ponto a seu favor é que costuma escolher as atividades pelo prazer que elas podem proporcionar e também de acordo com as necessidades do seu corpo e da sua cabeça.
Seu tipo físico – Estatura baixa a média, musculatura pouco desenvolvida. Seus pontos fracos são as pernas e os quadris.
Atividades indicadas – Capoeira, hidroginástica, alongamento, ioga e aerobike.
Evite – Esportes competitivos, porque você não sabe perder.

Sagitário
Você a-do-ra começar uma ginástica diferente – o problema é a falta de persistência. Para não desistir logo, escolha atividades que fortaleçam, além do seu corpo, o espírito.
Seu tipo físico – Corpo atlético, estatura média a alta, braços e pernas longos.
Atividades indicadas – Dança do ventre, kung fu, tai chi chuan, *trekking* (caminhada por trilhas difíceis), ioga, aerofight (aeróbica com lutas marciais) e capoeira.
Evite – Aulas repetitivas, como as de ginástica localizada, que são muito previsíveis. Fazer exercícios em ambientes pequenos e oprimidos também não é uma boa.

Capricórnio

Calor, frio, preguiça, falta de tempo, cansaço, sono... Jamais você usará essas desculpas para faltar à academia. Persistente, não tem pressa em conquistar um corpo sarado. Seu lema: devagar e sempre.

Seu tipo físico – Estatura mediana, com os membros superiores e inferiores mais desenvolvidos que o tronco. Pontos fracos: joelhos, tendões e ligamentos.

Atividades indicadas – Ciclismo, *trekking* (caminhada por trilhas difíceis), ginástica olímpica e natação.

Evite – Atividades que sobrecarregam os joelhos sem antes fortalecer a musculatura da região.

Aquário

Pintou uma aula exótica ou diferente na academia? Certamente você será um dos primeiros a experimentá-la. Amante de tudo o que muda e se transforma, saboreia cada progresso que o seu corpo faz com a prática da atividade física.

Seu tipo físico – Estatura média a alta, corpo forte e flexível com tendência à obesidade. Sua fraqueza está nas pernas.

Atividades indicadas – De preferência, as mais movimentadas, como *street dance*, circuitos de modo geral e variações da aeróbica.

Evite – A monotonia. Pratique atividades físicas diferentes a cada dia da semana.

Peixes

Você não é exatamente um ás da malhação, mas pode muito bem ganhar gosto pela coisa se escolher algo que combine com seu temperamento calmo. Para começar, risque do mapa esportes ou exercícios que exijam atenção constante. Pratique algo que deixe seus pensamentos livres, leves e soltos.

Seu tipo físico – Corpo arredondado, tendendo à flacidez, estatura média a baixa e ombros largos. Pontos fracos: pés e musculatura.

Atividades indicadas – Natação, bicicleta, corrida e caminhada.

Evite – Danças com coreografias difíceis e atividades competitivas.

Os perfumes dos signos

De acordo com o livro *Sybil Leek's Astrological Guide to Successful Everyday Living*, certos aromas de determinadas plantas são mais indicados para cada signo. Veja a seguir quais são eles e, também, os perfumes que pode encontrar nas lojas que utilizam estas matérias-primas ou que, energeticamente, têm a ver com cada nativo do zodíaco.

Áries
Coentro, pinho, manjericão, canela, estragão, cardamomo. Use: Linda, de O Boticário; So Pretty, da Cartier; Acqua Fresca e Acqua Relaxante, de O Boticário; Organza, de Givenchy; Innocence, de Giovanna Baby; Annete for Ever, de O Boticário.

Touro
Gerânio, aneto, jasmim, murta, patchuli, baunilha. Use: Cecita, Egeo e Glamour, de O Boticário; Biografia, da Natura; L'Eau par Kenzo.

Gêmeos
Anis, lavanda, macis, manjericão, mástique, louro. Use: Day by Day Manhattan; Paloma Picasso; Desodorante Colônia Laranjeira em Flor, da Natura; Lavanda Pop, de O Boticário.

Câncer
Jasmim, aloé, limão, lavanda, lírio-florentino, nardo. Use: Soft Lavander, Floratta in Gold e Carpe Diem, de O Boticário; Chanel n. 5.

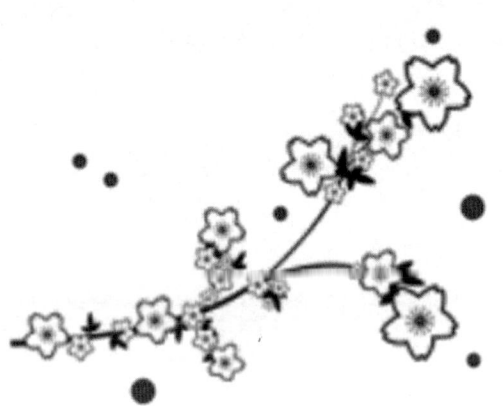

Leão
Canela, mirra, noz-moscada, âmbar-cinzento, olíbano, pimenta-da-jamaica. Use: Zíngara e Glamour by Ocimar Versolato, de O Boticário; Amarige, de Givenchy; Intuição, da Natura.

Virgem
Mástique, olíbano, lavanda, hortelã, funcho, bergamota. Use: Crazy Feelings; Dune, da Christian Dior; Acqua Relaxante e Innamorata, com camomila, de O Boticário; Luiza Brunet, da Avon.

Libra
Rosa, bétula, gálbano, cipreste, hortelã, cedro. Use: Ops! Azul, com gengibre, e Linda, de O Boticário; Kriska, da Natura; Samsara, da Guerlain.

Escorpião
Almíscar, pinho, pimenta-da-jamaica, galanga, gengibre, violeta. Use: Annete for Ever e Ops! Azul, com gengibre, de O Boticário; Acqua di Giovanna Baby.

Sagitário
Hissopo, aneto, cravo, aloé, cedro, pinho. Use: Gió, de Giorgio Armani; Vert, Lavanda Pop, Sweet Moments e Musk, de O Boticário.

Capricórnio
Cedro, vetiver, absinto, mirra, louro, cipreste. Use: Ops! Salmão e Innamorata, com camomila, de O Boticário; CK One.

Aquário
Mirra, hortelã, pinho, bergamota, cipreste, eucalipto. Use: Soft Lavander, de O Boticário; Dalimix, de Salvador Dali.

Peixes
Violeta, patchuli, noz-moscada, cedro, anis, pinho. Use: Lights e Floratta in Silver, de O Boticário; Allure, da Chanel.

A energia de cada planeta e a sua relação com os aromas

Sol
É considerado o centro, a representação do ego. Também relacionado ao arquétipo da consciência masculina. Está associado às idéias de iluminação, brilho, ambição, energia, cura, inspiração e espiritualidade.

Palavras-chave – Nobreza, arte, romance, luz, fertilidade.
Signo regente – Leão.
Plantas correspondentes – Girassol, helitrópio, chicória.

Lua
Representa o inconsciente, a vida emocional. Estreitamente relacionada ao arquétipo feminino e, portanto, aos ciclos de vida, morte e reprodução.
Palavras-chave – Maternidade, imaginação, misticismo, nutrição, passividade, devoção, proteção e receptividade.
Signo regente – Câncer.
Plantas correspondentes – Avelã, amêndoa, peônia.

Mercúrio
Esse planeta expressa as habilidades mentais do indivíduo, sua capacidade de assimilar dados e experiências, além de sua capacidade de comunicação com o meio. Estimula nossa habilidade de estudar e analisar.

Palavras-chave – Adaptabilidade, astúcia, destreza, curiosidade intelectual, humor, rapidez, talento para escrever.
Signos regentes – Gêmeos e Virgem.
Plantas correspondentes – Verbena, palmeira, cinco-folhas.

Vênus
É o planeta que melhor representa a necessidade de conforto emocional e material. A capacidade de dar afeto e de apreciar a beleza. Criar harmonia, formar relacionamentos e amizades também são atributos desse planeta.

Palavras-chave – Romance, beleza, magnetismo, talento artístico, elegância, segurança, equilíbrio, paixão, sensualidade, vaidade e sedução.
Signos regentes – Touro e Libra.
Plantas correspondentes – Rosa, murta, funcho, verbena, avenca.

Marte

Simboliza o desejo do homem de mostrar o seu valor e, também, os instintos de autodefesa e autopreservação, o ímpeto, a agressividade, a sexualidade, o guerreiro.

Palavras-chave – Ambição, afirmação, coragem, ousadia, força física, disciplina, impulso sexual, valor.
Signo regente – Áries.
Plantas correspondentes – Absinto, arruda, *lambstongue*.

Júpiter

Simboliza as necessidades filosóficas, espirituais e religiosas e, também, o desejo de expansão de horizontes. Sua posição no mapa astral revela a forma que cada um encontra para fazer sua conexão com o Divino e com os ideais mais elevados de justiça e fraternidade.

Palavras-chave – Fé, energia, sucesso, autoridade, decisão, generosidade, entusiasmo, otimismo, nobreza, sabedoria de julgamento e prosperidade.
Signo regente – Sagitário.
Plantas correspondentes – Narciso, carvalho, choupo, agrimônia.

Saturno

Mostra-nos em que área é preciso empreender um trabalho mais disciplinado e responsável. Este planeta corresponde à capacidade de condensar energia para lidar com uma situação crítica e também as nossas limitações a esse respeito. Ele mostra como é possível aprender mesmo sob circunstâncias dolorosas.

Palavras-chave – Competência, responsabilidade, conservadorismo, introspecção, ordem, paciência, limite, estrutura, tenacidade, fidelidade.
Signo regente – Capricórnio.
Plantas correspondentes – Freixo, teixo, cipreste, alcachofra-dos-telhados.

Urano

Sua energia está voltada a romper com o velho e abrir caminho para novas formas de pensamentos e atitudes. É o mensageiro das mudanças e das novas experiências. Representa o desejo de liberdade e o contato com a mente em sua mais alta representação.
Palavras-chave – Gênio, imaginação, independência, originalidade, intuição, informalidade, excentricidade, futuro.
Signo regente – Aquário.
Plantas correspondentes – Manjericão, cravo, cedro, gengibre, alecrim.

Netuno

Simboliza a energia psíquica e a criatividade artística. O contato com esse planeta é capaz de abrir as portas de um universo místico repleto de ideais elevados, espiritualidade e compreensão maior da natureza humana e também da divina.

Palavras-chave – Compaixão, idealismo, fantasia, mistério, auto-sacrifício, espiritualismo, sutileza, universalidade.
Signo regente – Peixes.
Plantas correspondentes – Camélia, narciso, sabugueiro, gardênia.

Plutão

Sua energia é a da transformação. É por isso que é também conhecido como o símbolo da morte e do renascimento. Ele preside as mudanças mais radicais, sejam na vida ou na consciência. A sexualidade aqui é representada em sua forma mais poderosa, pois fala do eterno ciclo de vida e morte do corpo.
Palavras-chave – Carisma, poder, regeneração, magnetismo sexual, riqueza e aceitação das mudanças.
Signo regente – Escorpião.
Plantas correspondentes – Verbena, endro, hibisco, cipreste.

Fonte: *The Magical and Ritual use of the Perfumes*, de Richard e Iona Miller.

O poder dos anéis

Dedo mínimo – Regido por Mercúrio, planeta associado à magia, ao conhecimento, à comunicação e ao ensino. Use anéis de citrino e pirita dourada (aumentam a capacidade de comunicação) ou ametista, que ajuda a aumentar a intuição e a desenvolver poderes mágicos.

Dedo anular – Regido pelo Sol, planeta associado ao brilho e ao sucesso. Use anéis de granada (ajuda a vencer obstáculos e aumenta a sensualidade), pedra-do-sol (atrai reconhecimento profissional) ou ágata-de-fogo (aumenta o poder de liderança). A aliança de ouro também é indicada, pois esse metal, relacionado ao Sol, confere durabilidade ao casamento.

Dedo médio – Regido por Saturno, planeta associado à sabedoria adquirida com a experiência. Use anéis de ônix (aumenta a concentração), hematita (trans-

forma a energia negativa em positiva) ou turmalina negra (afasta as más vibrações).

Dedo indicador – Regido por Júpiter, planeta associado à expansão e à vitória. Use anéis de cristal branco (ajuda a ampliar os horizontes) e de turquesa (atrai a boa saúde).

Dedo polegar – Está associado ao livre-arbítrio. Não convém usar anéis nesse dedo, para que nenhum elemento externo influencie a sua vontade.

O feng shui e a astrologia: saúde para seu lar

As palavras 'feng shui' significam 'água e vento', duas forças poderosas da natureza. O feng shui é uma arte chinesa milenar para harmonizar ambientes. Utiliza como princípio básico o 'ba-guá'(pronuncia-se 'bakwa'), octógono sob a forma de um diamante lapidado, no qual cada face se expressa energeticamente de forma diferente, e todas as faces emanam uma energia única e central, o *Ch'i*. Este ba-guá é aplicado à sua casa, ao seu apartamento e a cômodos internos, permitindo uma ampliação, manutenção ou cura da energia *Ch'i*, favorecendo a circulação energética benéfica do *Ch'i* e atuando sobre a espiritualidade, a carreira, a proteção, a criatividade, os relacionamentos, o sucesso, a saúde, a prosperidade e a família daqueles que ali vivem. É importante que esse trabalho seja feito com plenos conhecimentos dessa arte, para não causar danos energéticos ao ambiente. Outros instrumentos são utilizados para fazer correções: sino dos ventos, velas, fontes, flautas, espelhos e pêndulos.

BA-GUÁ

A Astrologia pode, de forma genérica e a partir da correlação com os elementos da natureza, também utilizados pelo feng shui, oferecer algumas dicas para que, de maneira ocidental e simplificada, você possa transformar o seu lar num local mais adequado à sua energia. As informações aqui contidas devem ser adaptadas às possibilidades materiais de cada um. Vamos conhecê-las?

Signos do fogo: Áries, Leão e Sagitário

Para esses nativos, quanto mais brilho melhor. Eles precisam de um cenário amplo e iluminado para brilhar. Salas espaçosas, de preferência com desníveis ou degraus, onde ele possa se exibir em todo o seu esplendor. Gostam de conforto, luxo e requinte e apreciam quando os outros notam que investiram pesado na aparência cara de sua decoração. Assim, é melhor que a madeira seja a mais nobre; os metais e mármores sejam os mais exclusivos; os objetos e acessórios de cristal ou prata sejam muito trabalhados. Os tapetes devem possuir texturas sedosas e as cortinas devem refletir a última tendência, porém com um selo inequívoco de qualidade. Suas cores prediletas para compor esse panorama são os tons de amarelo, laranja e vermelho. É importante que os nativos desses signos possuam alguma peça muito original e de tamanho avantajado para ocupar um canto vazio. Ela será uma espécie de símbolo de poder, como um enorme vaso chinês, um piano de cauda ou uma mesa de gamão ou xadrez. Todo o ambiente pode revelar um toque de opulência, mas não deve ser poluído ou complicado. Afinal, é proibido ofuscar a personalidade forte do seu dono.

Signos da terra: Touro, Virgem e Capricórnio

Mais voltados para os estilos clássicos – aqueles que nunca saem da moda, confortáveis, sóbrios e resistentes –, os signos de terra usam seu espírito prático para criar ambientes em que os materiais tenham textura sensível à vista e ao tato. A madeira deve mostrar seus veios e os tecidos, suas tramas, de preferências intrincadas. Uma boa sugestão é um estilo que lembre o *country*. Flores do campo frescas e coloridas, quadros de estimação, tudo muito pessoal. Plantas, coleções de potinhos ou latinhas fazem parte do elenco de objetos que compõem a decoração desses nativos, amantes dos detalhes. Muitos gostarão de fazer objetos com as próprias mãos ou exibir heranças de seus antepassados. Suas cores prediletas reproduzem a natureza: terra, marrom, laranja, ocre e verde.

Signos do ar: Gêmeos, Libra e Aquário

Aqui, os espaços dificilmente serão totalmente preenchidos por lembranças de viagem ou por um excesso de peças de todos os tamanhos e formas. Os signos de ar gostam de viver em ambientes espaçosos, para se moverem com liberdade por toda a casa. Desde a escolha das cores das paredes – branco, azul ou cinza e, às vezes, alguma cor forte que destaque os tecidos de texturas lisas –, eles costumam optar por um mínimo de móveis e objetos de decoração. Talvez, sobre a mesa lateral, de aço escovado com tampo de vidro, haja apenas um vaso de murano. Ou, quem sabe, um simples e refinado arranjo de ikebana. Luminárias de vanguarda, persianas *high tech*, uma poltrona de linhas arrojadas e um computador de última geração podem compor ambientes despojados, minimalistas. Para os aéreos, a estética é, antes de qualquer coisa, funcional. Deve complementar, sem sentimentalismos. O mais importante da casa é a pessoa.

Signos da água: Câncer, Escorpião e Peixes

Considerados os mais românticos do zodíaco, os nativos de água acabam dando aos seus espaços um toque de sonho e de fantasia. Do incenso ao quadro indiano, da coleção de livros às pilhas de CDs, da cristaleira à televisão sempre rodeada de muitas fitas de vídeo, tudo acaba sugerindo um clima de magia. As cortinas podem ser de renda, ao estilo do século passado, os tecidos florais dos estofados provavelmente acompanharão as cores das paredes e dos acessórios, em tons pastel. Aqui, dificilmente faltarão jardineiras floridas ou vasinhos de violetas perto da janela, ou potes de doces, de preferência caseiros, para serem consumidos logo. Acrescente-se uma grande variedade de bebidas, mas só as prediletas. Afinal, o importante é atender ao gosto de cada um, dos familiares aos amigos mais íntimos.

O chá dos signos

Ultimamente, tenho ouvido falar tanto sobre chás, que até parece um aviso de algum caprichoso anjo do Terceiro Milênio. Ou, quem sabe, alguma velha e amorosa feiticeira esteja sussurrando coisas ao meu ouvido. Pode ser também que eu esteja sob influência de algum ancestral inglês, fanático por chá.

Bem, profecias à parte, por onde ando sempre tem alguém dizendo que está tomando um milagroso chá medicinal, capaz de reduzir drasticamente as taxas de colesterol e glicose. Parece que todo o mundo que eu conheço está indo ou voltando de algum chá de caridade, de panela, de bebê, sei lá quantos mais existem no momento. Eu mesma venho tomando alguns chás-de-cadeira, seja no banco, nas editoras ou no dentista, que sempre marca um horário impossível de cumprir. Ainda tem o famoso chá-de-sumiço, que alguns conhecidos tomaram, viajando para outros estados ou inaugurando novos hábitos e relacionamentos.

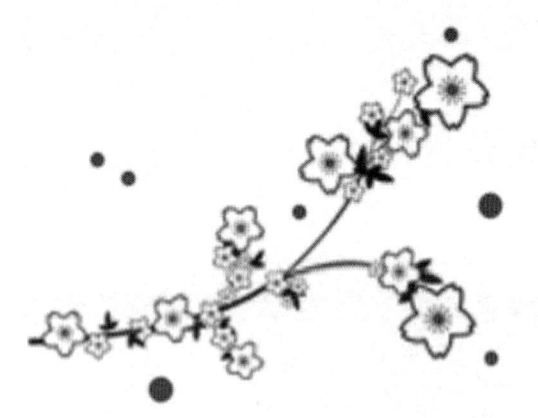

O hábito de beber chá, seja socialmente ou como forma de recuperar-se de doenças, vem crescendo vertiginosamente aqui pelo Novo Mundo. As velhas receitas de nossas avós e dos moradores do interior invadiram a cidade grande, provavelmente seguindo a onda do naturalismo que nos chega pelos homeopatas, fitoterapeutas e orientalistas em geral. Pessoas engajadas num movimento mais amplo, mais holístico, de utilização não apenas de recursos químicos mas do imenso arsenal curativo que a Grande Mãe nos presenteou.

Paulo, meu marido, é adepto ferrenho dessas infusões e vira e mexe eu, minha filha ou algum amigo mais íntimo freqüentador de nossa geladeira temos surpresas nem sempre agradáveis ao constatarmos que aquela garrafa de água com um aspecto tão inofensivo contém, na realidade, uma mistura intragável – mas benfazeja – de alho, berinjela, pata-de-vaca ou a amarga carqueja.

A Astrologia atribui, entre outras características, um elemento da natureza a cada signo, simbolizando a maneira de agir e sentir de cada um. Podemos encontrar o elemento fogo expresso num ariano, que vive apressado, é impetuoso e apaixonado. Um virginiano prático e detalhista, que busca a solidez do elemento terra, e assim por diante. Também no reino da natureza, as plantas possuem qualidades relacionadas aos poderes da terra, do fogo, da água e do ar, personificando, dessa maneira, suas propriedades e afinizando-as com os signos.

Assim, ao entrarmos em contato com os chás apropriados a nossa energia básica e seu complemento, podemos extrair deles os estímulos que contribuirão para acentuar nossas qualidades zodiacais, trazendo à tona o melhor de cada um.

Signos de fogo

Os chás de Áries

* Canela
* Alho
* Manjericão
* Gengibre

Faça uma infusão de qualquer dessas ervas e tome uma xícara sempre às terças-feiras. Para o alho, amasse-o suavemente antes de acrescentar água e, para o gengibre, utilize apenas uma pequena lasca, guardando o restante na geladeira. A canela deve ser em pau e o manjericão, fresco.

Os chás de Leão

* Camomila
* Laranja
* Limão
* Louro

Tome uma xícara do chá escolhido, de preferência aos domingos. Para as frutas, utilize suas cascas, na proporção de uma colher de sopa por xícara. Quanto ao louro, use uma folha pequena em cada porção e, para a camomila, uma colher de chá. Se gostar, adoce os chás com mel, que também é um elemento relacionado a Leão.

Os chás de Sagitário

* Agrimônia
* Alfafa
* Azedinha-da-horta
* Lima
* Melissa
* Cáscara-sagrada
* Romã

Tome uma xícara do chá escolhido, de preferência às quintas-feiras. Da lima, deve ser usada a casca.

Signos de terra

Os chás de Touro

* Bardana
* Capim-limão
* Groselha
* Hortelã
* Limão
* Tanchagem
* Losna
* Alcachofra

O dia mais propício para tomar esses chás é às sextas-feiras. Das frutas, devem ser utilizadas as cascas. Da rosa, as pétalas, de preferência de arbustos cultivados em casa, pois contêm menos agrotóxicos. Do contrário, lave muito bem antes de deixá-las em infusão por cinco minutos. As demais ervas serão consumidas nas quantidades indicadas pelo fornecedor.

Os chás de Virgem

* Café
* Erva-lombrigueira
* Erva-moura
* Salsa
* Romã
* Valeriana
* Artemísia
* Flor de maracujá
* Raiz de lótus
* Laranja

Quarta-feira é o melhor dia para o virginiano tomar o chá escolhido. Das frutas, devem ser utilizadas as cascas. As demais ervas devem ser preparadas de acordo com as instruções do fornecedor.

Os chás de Capricórnio

* Arnica
* Confrei
* Cevada
* Alface
* Jasmim
* Anis
* Beterraba (folhas e frutos)
* Caroba
* Hera-terrestre

O chá escolhido deve ser preparado e ingerido de preferência aos sábados e de acordo com as instruções do fornecedor. No caso da beterraba, o procedimento é o mesmo de outras ervas: fervê-la por alguns minutos, apagar o fogo e deixar a chaleira abafada por instantes. O resultado é um chá colorido, adoçicado e muito gostoso.

Signos de ar

Os chás de Gêmeos

* Hortelã-pimenta
* Menta
* Erva-cidreira
* Capim-limão
* Alfavaca

O chá escolhido deve ser preparado e ingerido de preferência às quartas-feiras e de acordo com as instruções do fornecedor. No caso da hortelã-pimenta, pode-se também mascar as suas folhas.

Os chás de Libra

* Rosas
* Jasmim
* Erva-doce
* Artemísia
* Maçã
* Pêssego
* Alfazema

O chá deve ser tomado de preferência às sextas-feiras. A maçã e o pêssego também podem ser ingeridos sob a forma de sucos ou mesmo comidos frescos. A casca da maçã, depois de seca e colocada em infusão, fornece um chá aromático delicioso. A alfazema também pode ser utilizada para banhos.

Os chás de Aquário

* Melissa
* Erva-cidreira
* Jasmim
* Salsa

Tome o chá escolhido de preferência aos sábados. A salsa também pode ser utilizada crua ou, como nas demais ervas, em infusão. O mel deve ser introduzido para adoçar os preparados (ressalva feita aos diabéticos).

Signos de água

Os chás de Câncer
* Artemísia
* Laranja
* Limão
* Bergamota

Tome o chá escolhido de preferência às segundas-feiras. Usar a artemísia em banhos e chás ajuda a renovar o ânimo e espantar os maus fluidos que insistem em incomodar os cancerianos.

Os chás de Escorpião

* Carqueja
* Sálvia
* Cavalinha
* Malva
* Mil-folhas

Prepare o chá escolhido de acordo com as instruções do fornecedor e tome-o de preferência às terças-feiras. A malva também pode ser utilizada em banhos.

Os chás de Peixes

* Alecrim
* Manjericão
* Melissa
* Boldo
* Espinheira-santa

O chá escolhido deve ser tomado de preferência às quintas-feiras, sob forma de infusão. Alecrim e manjericão também podem ser consumidos frescos.

Fontes de energia instantânea

Quando necessitar de uma rápida carga de energia, tente uma destas técnicas. Você se sentirá mais alerta e concentrado.

1 – Beba uma xícara de chá de hortelã para se refrescar e reanimar a mente. Estudos no Japão apontaram que a hortelã pode estimular a função cerebral, aumentando a concentração e o desempenho mental.

2 – Experimente os florais de Bach para manter a mente concentrada. O Clematis é recomendado para quem tem tendência a sonhar acordado; o White Chestnut, para preocupações constantes; o Wild Rose, para a apatia; e o Olive, para a exaustão física. Acrescente duas gotas do floral num copo com água e beba durante o dia, quando sentir necessidade.

3 – Saia da mesa ou da poltrona e caminhe em ritmo acelerado durante cinco minutos para melhorar a circulação e retomar os processos mentais com mais energia.

4 – Para estimular a mente cansada, faça uma massagem na própria cabeça. Esfregue o couro cabeludo ligeiramente, depois bata a ponta dos dedos ao redor da cabeça. Passe os dedos pelo cabelo, jogando fora todos os pensamentos desagradáveis.

5 – Coma um punhado de castanhas-do-pará, ótima fonte de magnésio, que revigora e ajuda a desanuviar a mente confusa. Elas também contêm selênio, um antioxidante mineral.

6 – Visualize uma cor que o deixe animado. Laranja é próprio para eliminar a letargia ou o cansaço. Sente-se ou deite-se confortavelmente, feche os olhos e imagine a cor penetrando pelos dedos das mãos e dos pés e envolvendo todas as partes do corpo enquanto você inspira profundamente. Faça uma pausa e sinta o corpo formigar e se aquecer. Expire e imagine a cor desanuviando junto com a respiração, liberando todos os bloqueios mentais. Abra os olhos e sinta-se despertar.

7 – Sinta o aroma de um óleo essencial, que viajará em segundos pelo sistema límbico até o cérebro, na parte associada ao humor e à emoção. Escolha a bergamota para reanimar, a erva-cidreira para a falta de ânimo, a laranja para melhorar o humor e a rosa para aumentar a prontidão. Ou crie uma mistura de óleos. Acrescente cinco gotas de óleo essencial a 10 ml de óleo de amêndoas e coloque num vaporizador, ou pingue o óleo num lenço e inale quando necessário.

8 – Absorva a energia de seu chacra coronário (alto da cabeça), um dos locais mais importantes de concentração de energia, de acordo com a filosofia aiurvédica. Visualize uma esfera de luz pulsando e girando acima da sua cabeça. Inspire a energia por alguns momentos, absorvendo a capacidade de aumentar o poder cerebral, que promove abertura da mente e combate o cinismo. Se estiver sozinho, tente dizer 'iiii' durante esse processo, para ajudar a reequilibrar este chacra.

9 – As posições de ioga conhecidas como invertidas enviam um suprimento de sangue 'novo' ao cérebro com efeitos revigorantes. Os principiantes devem tentar o halasana (o arado). Alunos de ioga mais avançados podem optar pelo salamba sirsasana (parada de cabeça), que exige mais habilidade.

10 – Massageie acupontos-chave para canalizar a energia e estimular a circulação do 'qi' ou energia vital. Para aliviar a dor na cabeça e no rosto causada por estresse mental, pressione a área da mão em que seus polegares e indicadores, direito e esquerdo, encontram-se. Mantenha a posição por cinco minutos, depois solte.

Receitas de saúde e beleza de Nostradamus

Michel de Nostredame, mais conhecido pelo nome latinizado de Nostradamus, nasceu ao meio-dia de 14 de dezembro de 1503, em St. Rémy de Provence, na França. Seu avô judeu, Pierre, foi um comerciante de grãos que se casou com uma gentia. O filho deles, Jacques, pai de Nostradamus, casou-se com Reynière de St. Rémy, filha de um ex-médico que se tornara coletor de impostos. Quando Nostradamus completou nove anos, sua família converteu-se à fé cristã.

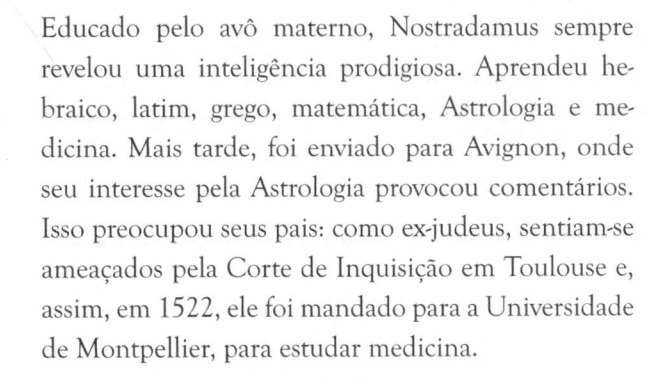

Educado pelo avô materno, Nostradamus sempre revelou uma inteligência prodigiosa. Aprendeu hebraico, latim, grego, matemática, Astrologia e medicina. Mais tarde, foi enviado para Avignon, onde seu interesse pela Astrologia provocou comentários. Isso preocupou seus pais: como ex-judeus, sentiam-se ameaçados pela Corte de Inquisição em Toulouse e, assim, em 1522, ele foi mandado para a Universidade de Montpellier, para estudar medicina.

Ao diplomar-se, viajou bastante trabalhando entre as vítimas da peste, no sul da França. Parecia ter grandes poderes de cura e sua bondade foi reconhecida até por seus piores difamadores.

Em 1529, Nostradamus regressou a Montpellier para concluir o seu doutorado e tornou-se impopular entre o corpo docente por seus métodos heterodoxos. Mas, como sua capacidade não podia ser negada, deram-lhe o título.

Mais tarde, viajando pela França, conheceu Julius Cesar Scaliger, filósofo classificado entre os maiores da Europa. Foi ele quem estimulou Nostradamus a aprofundar seus estudos astrológicos e direcioná-los às profecias. Ele mesmo já havia sido aluno do famoso astrólogo italiano Luca Gaurico.

Tendo se estabelecido em Agen, Nostradamus casou-se e foi muito feliz, mas por um curto espaço de tempo. A peste levou sua esposa e dois filhos e Nostradamus foi o único e infeliz sobrevivente. Ao mesmo tempo, ele e Scaliger brigaram e Nostradamus, mais uma vez, ganhou a estrada depois de saber que a Inquisição de Toulouse queria interrogá-lo sobre suas ligações com Philibert Sarazin, amigo de Scaliger.

Na década de 1540, começaram a circular referências verbais aos poderes proféticos de Nostradamus. Finalmente, instalou-se em Craux de Provence, onde permaneceu até a morte, casando-se com uma rica viúva, Anne Ponsart Gemelle, que lhe deu seis filhos.

De 1551 em diante, Nostradamus passou a publicar anualmente o *Almanacs* e *Prognostications*, alguns dos quais sobreviveram. Previam acontecimentos locais, histórias sobre a agricultura e o clima e tópicos afins. Mas logo um grande número de imitações apareceu no mercado, comprometendo a sua reputação.

Em maio de 1555, imprimiu-se sua mais importante obra: *Les Prophéties de M. Michel Nostradamus*. Essa edição era incompleta, contendo apenas três séculos e meio de previsões. A obra completa só apareceu em 1568. As *Prophéties* foram divididas em dez *Centaines* (séculos, em francês – não séculos cronológicos, mas assim chamados porque cada uma das *centaines* continha uma centena de profecias individuais, conhecidas como *quatrains*, quadras reunidas numa única seqüência aparente). O estilo de Nostradamus era confuso, obscuro e arcaico, mesmo para a época, e seu vocabulário era uma mistura poliglota de palavras em francês, provençal, grego, latim e seus derivados. Essa confusão era deliberada. Ele pretendia camuflar seus segredos, para que só os iniciados pudessem entendê-los e, também, para escapar à cruel perseguição religiosa.

A fama de Nostradamus já se espalhara pela Europa e, no ano seguinte à publicação de *Prophéties*, foi chamado a Paris pela rainha Catarina de Médicis. Lendo uma das quadras de seu livro, a soberana havia associado o texto a uma possível morte de seu marido, Henrique II, num duelo, fato que ocorreu em 1559. Desde então, tornou-se o homem de confiança da rainha, fazendo horóscopos e previsões para outros nobres, como Francisco I e Mary, rainha da Escócia, também vitimados por trágicos destinos.

Tão logo foi possível, Nostradamus voltou à tranqüila vida em Salon, preocupado com o interesse que alguns juízes haviam demonstrado por suas atividades. Continuou exercendo seu ofício de médico e chegou até mesmo a publicar um livro nessa área, em 1557.

Em 1566, já doente de gota, contraiu hidropsia. Reconhecendo a aproximação da morte, previu onde os amigos encontrariam seu corpo: caído entre a cama e um banco. Morreu na noite de 1º de julho de 1566, aos 63 anos, e foi enterrado nas muralhas da igreja de Cordeliers, em Salon. Mais tarde, seria encontrado entre os seus papéis uma anotação: "1º de julho de 1566 – aqui está a própria morte." Durante a Revolução Francesa, seus ossos foram violados e depois novamente enterrados na igreja de St. Laurent, também em Salon, onde ainda se pode ver a placa doada por sua esposa.

O livro *Prophéties* parece ser um dos poucos que tem sido continuamente impresso desde 1555. Os fatos de Nostradamus ter ou não ter sido um verdadeiro profeta e se realmente suas previsões eram obtidas em transes diante de uma bacia d'água ou por cálculos astrológicos talvez suscitem algumas dúvidas, mas a verdade é que o seu legado vem despertando espanto e curiosidade através dos séculos.

Algumas das profecias de Nostradamus que já se cumpriram

Seria impossível enumerar todas as profecias feitas por Nostradamus desde o século XVI. Veja, então, apenas alguns exemplos:

Século XVI
1559 – Morte do rei Henrique II num duelo.
1572 – O massacre da Noite de São Bartolomeu.
1589 – Assassinato de Henrique III.
1594 – Sagração de Henrique IV.

Século XVII
1600 – Perseguição aos astrônomos Galileu, Copérnico e Giordano Bruno.
1610 – Expulsão dos mouros da Espanha.
1642 – Morte da rainha Maria de Médicis.
1658 – Ocupação da Bélgica pela França.

Século XVIII
1700 – Guerra da Sucessão Espanhola.
1720 – A peste em Marselha.
1769 – Nascimento de Napoleão Bonaparte.
1789 – Queda da Bastilha (Revolução Francesa).

Século XIX
1804 – A sagração de Napoleão Bonaparte como imperador da França.
1815 – A batalha de Waterloo. Napoleão prisioneiro dos ingleses e exilado.
1821 – Morte de Napoleão Bonaparte.
1883 – Nascimento de Mussolini, citando, inclusive, em qual cidade.
1889 – Nascimento de Hitler na fronteira austro-bávara.

Século XX
1914 – A Primeira Guerra Mundial.
1917 – A revolução bolchevique e a queda do Império Russo.
1922 – Proclamação da União Soviética.
1933 – Ascensão de Hitler e seus 13 anos de poder.
1934 – O nazismo e os campos de concentração.
1938 – As declarações de guerra de Hitler.
1945 – Destruição de Hiroshima e Nagasaki.
1973 – A Guerra do Yom Kippur – o ataque surpresa feito pelo Egito.
1974 – Renúncia de Golda Meir.
1979 – Queda do Xá Reza Pahlevi, tomada do poder pelos religiosos do Irã.
1981 – Assassinato do líder Anuar Sadat.
1982 – Guerra das Malvinas e o atentando contra o papa João Paulo II.
1986 – Acidente nuclear de Chernobyl, no momento em que o cometa Harley fazia aspectos com Saturno e Marte no céu.
1989 – Queda do Muro de Berlim.
1991 – Guerra civil na Iugoslávia. Fim do comunismo na União Soviética.

Receitas de saúde e beleza

As profecias de Nostradamus são, sem sobra de dúvida, a parte mais destacada do seu legado. Poucos conhecem o seu trabalho como cientista, poeta, mago, alquimista. Graças à tenacidade de pesquisadores antigos, receitas de grande valor foram descobertas entre os manuscritos desse vidente e chegaram até os nossos tempos. Há que se reconhecer, também, o empenho de Catarina de Médicis, rainha francesa que o nomeou conselheiro, encomendando-lhe horóscopos, utilizando suas receitas e, finalmente, concedendo-lhe o título de Grande Médico. Foi ela a responsável pela conservação manuscrita de receitas passadas por Nostradamus aos membros da família real.

Vivendo em uma época na qual os remédios e tratamentos seguiam normas milenares, ele deu um pulo no tempo, pensando e agindo como um homem de hoje, voltado para o amanhã. Veja o elenco de assuntos de interesse do médico-mago:

Ecologia – A preservação da natureza e a necessária sintonia do elemento humano com ela são princípios básicos do movimento ecológico em nossos dias. Defendendo tais princípios, Nostradamus antecipou-se aos ecologistas modernos.

Embelezamento do rosto – É difícil imaginar que, em pleno século XVI, sofrendo rigores de pestes e guerras, houvesse pessoas interessadas em se manter belas. Pois a Nostradamus coube incentivá-las através de conselhos e fórmulas ditas mágicas, porque, na verdade, produziam resultados espantosos. Seu trabalho de orientação médica era equivalente ao da plástica sem cirurgia.

Estética corporal – Num tempo em que a obesidade marcava as figuras mais proeminentes, Nostradamus já advertia quanto aos males originados pela gordura, bem como as desvantagens estéticas em que os gordos se colocavam. Seu tratamento era baseado em fatores nutricionais e exercícios simples, mediante o estudo do metabolismo, sem que fosse preciso recorrer a dietas rigorosas nem a ginásticas estafantes. Que estrondoso sucesso seria hoje uma clínica de emagrecimento dirigida por ele!

Metaloterapia – Ele antecipou o uso do ouro e de outros metais aplicados conforme as necessidades do corpo, terapia considerada 'de ponta' nos dias de hoje.

Meditação – Regras de concentração consideradas hoje como privilégio dos místicos já eram ditadas por Nostradamus.

Perfumaria – Hoje, ele seria apontado como um grande especialista, já que as suas misturas de essências eram elaboradas em harmonia com o sistema nervoso. Foi, certamente, o precursor da aromaterapia no Ocidente.

Dieta da Lua – Sim! Foi ele quem a criou, só que não com o objetivo de emagrecimento, mas para desintoxicar o organismo e com isso revigorá-lo.

Dicas do próprio Nostradamus

Conheça agora algumas receitas de saúde, beleza e bem-estar desse que foi um dos maiores visionários que o mundo conheceu.

Para estreitar o vínculo do homem ao planeta
"É preciso aprender-se a admirar coisas simples como o vôo de um pássaro, o desabrochar de uma flor, um lago sereno, o céu azul, o clarão de uma aurora, um pôr-de-sol; deve-se observar a afinidade entre o organismo humano e o organismo Mãe-Natureza. A tempestade é uma agitação da natureza, assim como a doença, um desequilíbrio entre as forças naturais do homem."

Para tirar proveito dos quatro elementos: ar, água, terra e fogo
"O ar puro é o melhor massagista. Expor o corpo ao ar puro por alguns minutos diariamente é uma prática saudável, principalmente na primavera e no verão. Essa exposição ainda trará melhores resultados se o corpo estiver livre de roupas."

"A água da chuva é uma água com vida; através dela as plantas adquirem maior vigor, a terra sofre uma lavagem depurativa. A água de uma fonte natural contém poder curativo; a simples permanência de alguém junto a uma fonte já lhe proporciona a aquisição de novas forças; beber água de uma fonte natural é excelente remédio para o cansaço e para a digestão difícil; banhar os pés, as mãos e o rosto nessa água, sem enxugá-los, equivale a uma boa dose de saúde; a imersão total do corpo em uma cascata ou um poço de água natural fará o sangue fluir mais facilmente."

"As energias que emanam da terra são capazes de promover curas; são justamente essas energias contidas na terra que, levadas pelos rios subterrâneos, brotam das fontes naturais. Os pés sentem necessidade de pisar diretamente na terra, portanto, é preciso reservar um tempo para andar descalço. Quando os pés caminham sobre a terra, recebem massagem em suas solas, o que determina melhor irrigação do sangue, além de descarregar fluidos negativos que existem no corpo. Quem anda descalço, ao ar livre, recebe da terra as mesmas forças que ela transmite aos animais, cuja relação com a natureza é instintiva."

"O fogo simboliza a divindade. Ele pode estar na terra, no ar e até na água, mas é o elemento mais perigoso. Seus reflexos podem estar na mente humana através da genialidade e no corpo, fazendo arder o seu sangue. O Sol, que é a representação do fogo, pode curar doenças, desde que a exposição da pele aos seus raios obedeça a necessária cautela."

Para ter um sono de qualidade

"A posição de dormir é reclamada pelo corpo. Os animais procuram a posição mais cômoda, por isso dormem bem."

"O excesso de roupas perturba o sono. Principalmente em época de calor, deve-se usar roupa reduzida e leve. O quarto deve receber ventilação natural, adaptada à temperatura do corpo, bem como estar na penumbra."

"A insônia pode vir do excesso de preocupações, como da falta de ocupação. Para quem está impedido de trabalhar durante o dia é aconselhável uma caminhada antes de deitar. Em qualquer caso, algum tempo dedicado à meditação agirá como remédio infalível."

"Quando é comum o sono demorar a vir, uma boa providência é depositar debaixo do travesseiro um ramo de folhas secas de louro."

"O suco de folhas de alface, agindo como excelente calmante, restaura o sono."

"A erva-doce é indicada para pessoas de idade avançada. Há duas maneiras de empregar sementes de erva-doce contra a insônia: 1) tomar uma xícara de chá com açúcar; 2) preparar uma bebida composta de semente de erva-doce com um pouco de álcool; deixar em infusão durante uma semana; filtrar e tomar dez gotas todas as noites antes de dormir."

"A macela – ou camomila – pode ser usada nos casos de insônia em geral, tanto na simples forma de chá como em uma infusão composta de álcool, folhas de hortelã, flores de macela, flores de espinheiro, casca de canela. Após cinco dias de maceração, misturar com uma calda fina de açúcar, filtrar e tomar com colheres, como xarope."

A Dieta da Lua

A Dieta da Lua, adotada atualmente para emagrecer, é baseada na autêntica dieta estabelecida por Nostradamus, que visava prevenir uma série de doenças, inclusive a arteriosclerose. A receita foi elaborada pelo médico com vistas a defender um jejum regular, que deveria ser observado por todas as pessoas, uma vez ao mês. Sabendo que o jejum promove uma boa limpeza dos vasos sangüíneos, Nostradamus conseguiu com sua receita obter resultados que iam desde a purificação do sangue até a cura de doenças tidas como incuráveis. Eis a receita:

"Depois da Lua Nova, quando ela estiver em Crescente, deve-se guardar jejum por um dia. A água a beber nesse dia deve ser tirada da fonte e deixada um pouco ao sol para que fique morna.

Antes de beber a água, deite nela algumas folhas de hortelã e de sálvia; ingeri-la espaçadamente, em goles.

No caso de a pessoa sentir-se enfraquecida, pode comer uma maçã fresca.

É conveniente não permanecer em casa durante o dia de jejum. O passeio mais indicado é ao ar livre, porque o contato com a Natureza colabora com o jejum na limpeza do organismo.

No dia do jejum, não se deve fazer trabalhos extenuantes nem ter relações sexuais.

Logo após o jejum, evite lautas refeições; a primeira alimentação deve constar de frutas, mel de abelhas e leite, tudo isso é pouca quantidade."

Para os que desejarem conhecer mais sobre esse incrível homem e suas receitas, recomendo o livro *Nostradamus – Segredos mágicos para saúde, beleza, amor e rejuvenescimento* (Ediouro), do Dr. Fritz Xavier.